BEI GRIN MACHT SICH IHR WISSEN BEZAHLT

- Wir veröffentlichen Ihre Hausarbeit, Bachelor- und Masterarbeit

- Ihr eigenes eBook und Buch - weltweit in allen wichtigen Shops

- Verdienen Sie an jedem Verkauf

Jetzt bei www.GRIN.com hochladen und kostenlos publizieren

Erstellung eines Strategieberichts für ein Gesundheitsstudio in Düsseldorf

Florian Schaeffler

Bibliografische Information der Deutschen Nationalbibliothek:

Die Deutsche Nationalbibliothek verzeichnet diese Publikation in der Deutschen Nationalbibliografie; detaillierte bibliografische Daten sind im Internet über http://dnb.d-nb.de abrufbar.

ISBN: 9783346875587
Dieses Buch ist auch als E-Book erhältlich.

© GRIN Publishing GmbH
Trappentreustraße 1
80339 München

Druck und Bindung: Books on Demand GmbH, Norderstedt Germany
Gedruckt auf säurefreiem Papier aus verantwortungsvollen Quellen

Das Buch bei GRIN: https://www.grin.com/document/1357829

Inhaltsverzeichnis

1 Darstellung der Ausgangssituation

Im Folgenden wird ein Strategiebericht für ein Gesundheitsstudio in Düsseldorf erstellt. Es wird eine strategische Analyse durchgeführt und ein Konzept erstellt. Dieser Strategiebericht dient der Geschäftsführung unserer Unternehmensgruppe als Grundlage für die weitere Expansion.

1.1 Wahl des Standortes

Der Standort des Gesundheitsstudios befindet sich in 40474 Düsseldorf auf der Georg-Glock-Straße 20. In der Folgenden Abbildung bildet der Rote Punkt den genauen Standort der Unternehmens. Der Standort wurde mit Hilfe von Openroutservice.org dargestellt. Es werden zwei Isochronen Typen aufgeführt. Der Rote Bereich zeigt eine Anfahrtsstrecke von Acht Minuten mit dem Auto und der blaue Bereich einen Anfahrtsweg von Fünfzehn Minuten mit dem Auto. Die Rote Isochrone umfasst eine Einwohnerzahl von 111.405 Menschen und die blaue Isochrone eine Einwohnerzahl von 425.317 Menschen. Dadurch wird das Einzugsgebiet verdeutlicht und die Isochronen zeigen, dass der Standort für sehr viele Einwohner innerhalb von Acht bzw. Fünfzehn Minuten mit dem Auto erreichbar ist. Die Infrastruktur bietet dort einen sehr guten Bus- und Bahnanschluss und eine sehr gute Autobahnverbindung. Die Isochronen schließen ganz Düsseldorf mit ein und grenzen an vielen Nachbarstädten wie Ratingen, Meerbusch etc.. Meerbusch zum Beispiel weist einen sehr hohen Kaufkraftindex pro Einwohner von 131% auf (vgl. www.ihk-krefeld.de).

Anm. der Red.: Die Abb. wurde aus urheberrechtlichen Gründen entfernt.

Abbildung 1: Standort des Gesundheitsstudios (dargestellt mit openroutservice.org)

1.2 Beschreibung des Unternehmenstyps

Die Positionierung des Unternehmens ist im Gesundheitsbereich. Die Bevölkerung wird immer älter und Krankheiten nehmen zu. Die aktuelle Pandemie hat gezeigt, dass eine Positionierung im Gesundheitssektor Sinn macht um weitere Studio Schließungen zu entgehen. Wo die meisten Discounter Fitnessstudios schließen mussten, durften Gesundheitsstudios stellenweise früher öffnen. Physiotherapien waren ebenfalls von der Schließung verschont, weshalb das erste Geschäftsfeld eine Physiotherapie in unserem Gesundheitsstudio wird. Die Physiotherapie deckt verschiedene Produkte und Dienstleistungen ab. In der Physiotherapie finden manuelle Therapien, Krankengymnastik, manuelle Lymphdrainage, Krankengymnastik am Gerät, Reha-Sport und Krankengymnastik des Zentralen-Nervensystems statt.

Das zweite Geschäftsfeld wird die Trainingsfläche. Um den Gesundheitsgedanken zu unterstreichen und eine optimale Betreuung zu garantieren, wird das Kernprodukt eGym und eFlexx. Durch eGym können wir unsere Mitglieder im Muskel- und Kraftaufbau trainieren und im eFlexx die Beweglichkeit unserer Mitglieder trainieren. Ein weiterer Bestandteil der Trainingsfläche wird ein Cardiobereich mit verschiedenen Geräten. Der Cardiobereich umfasst Fahrräder liegend, Fahrräder sitzend, Crosstrainer, Laufbänder und Stairmaster. Durch den Cardiobereich können wir unsere Mitglieder optimal im Fettstoffwechsel, Herz-Kreislauf-Bereich etc. trainieren.

Das dritte Geschäftsfeld ist der Kursraum. Im Kursraum werden Kurse wie Reha, Rückenkurse, Bauchkurse, Präventionskurse und Yoga Kurse stattfinden. Die Reha Kurse und die Präventionskurse sind essentiell in einem Gesundheitsstudio und wir können durch unsere Physiotherapeuten Kurse nach §20 Abs. 1 SGB V anbieten.

Das vierte Geschäftsfeld ist Wellness. Durch Wellness bekämpfen wir den Stress unserer Mitglieder und bieten ihnen einen Bereich für die aktive Regeneration vom Training. Die Produkte im Wellnessbereich sind Saunen, Massagen und ein Kältebecken. Bei den Massagen gibt es zum einem eine elektrische Massageliege durch Wasserdruck und zum anderen werden Sportmassagen von unseren Physiotherapeuten angeboten.

Das fünfte Geschäftsfeld wird das Betriebliche Gesundheitsmanagement und die enge Kooperation mit einer Krankenkasse. Können unsere Mitglieder ein regelmäßiges Training bei uns Nachweisen, können diese dadurch bei ihrem Arbeitgeber und ihrer Krankenkasse finanziell profitieren.

Das letzte Geschäftsfeld deckt den Bereich Ernährung ab. Wir bieten eine Körperzusammensetzungsanalyse durch eine InBody Waage an und werden individuelle Ernährungspläne anbieten. Ein weiteres Produkt wird das Abnehmprogramm myintense+ sein. Das Programm ist nach §20 SGB V zertifiziert und die Mitglieder bekommen einen Zuschuss von 75 – 100 % von den Krankenkassen.

2 Phase der strategischen Zielplanung

2.1 Unternehmerische Vision / Mission / Grundwerte

Die Vision unseres Gesundheitsstudio ist „von innen nach außen". Im Kern bedeutet diese Vision, dass die Mission unseres Unternehmens ist, unsere Mitglieder so glücklich und zufrieden zu stellen, dass diese durch Mundpropaganda uns empfehlen und dadurch neue Kunden für uns generieren. Die beste Werbung ist immer eine Empfehlung der Familie und der Freunde. Die Mitglieder sind der Kern und wir arbeiten in einer Dienstleistung, wo der Kunde König ist. Wenn unsere Mitglieder zufrieden sind und ihre Ziele erreichen, bleiben sie uns treu, kündigen nicht und empfehlen uns weiter. Das heißt unsere Mission ist es, jeden zufrieden zu stellen und zu Helfen deren Ziele zu erreichen. Unsere Branche ist die Beste um die Bevölkerung gesund zu machen. Wir können Menschen helfen, präventiv was für die Gesundheit zu machen und wir können bereits diagnostizierte Krankheitsbilder und Verletzungen lindern oder beseitigen. Diese Vision und Mission lässt sich nur auf eine Basis von ausformulierten Grundwerten erzielen. Das Gesundheitsstudio bietet höchste Qualität. Durch aktuellste Trainingsmethoden wie das digitalisierte Trainingssystem eGym, eFlexx und der Physiotherapie werden unsere Mitglieder optimal und professionell betreut, damit sie ihre Ziele auch wirklich erreichen. In der folgenden Tabelle sind die Grundwerte, die unser Unternehmen und deren Mitarbeiter vermitteln übersichtlich dargestellt.

Grundwerte der Mitarbeiter	Grundwerte des Unternehmens
Motivation: Jeder Mitarbeiter ist motiviert zu arbeiten und den Mitgliedern zu helfen	Mitarbeiterbindung: das Unternehmen behandelt Mitarbeiter fair, bietet Weiterbildungschancen, bietet Übernahmechancen, sorgt für eine geringe Mitarbeiterfluktuation
Freundlichkeit: Mitarbeiter sind stets zu allen freundlich	Innovativ: Das Unternehmen investiert in sich selbst und schafft regelmäßig Neuheiten und ist offen für neue Ideen
Kompetenz: Mitarbeiter weisen Qualifikationen auf und bilden sich stets weiter	Wirtschaftorientiert: Das Unternehmen sorgt für einen gesunden Wachstum
Hilfsbereitschaft: Unsere Mitarbeitern zeigen sich immer hilfsbereit und helfen gerne	Seriös: Geschäftspartner und Kunden werden immer seriös und fair behandelt

Zuverlässigkeit: Unsere Mitarbeiter arbeiten zuverlässig und gewissenhaft	Zuverlässig: Das Unternehmen arbeitet zuverlässig und gewissenhaft
Pünktlichkeit: Mitarbeiter sind pünktlich bei der Arbeit und bei Terminen mit den Kunden	Vorbild: Das Unternehmen ist stets Vorbild für Mitarbeiter und Kunden
Identifikation: Mitarbeiter identifizieren sich mit dem Unternehmen	Das Unternehmen sorgt stets für optimale Hygienestandards in allen Bereichen
Teamfähigkeit: Das Team bildet eine Einheit, respektieren sich, sind ehrlich zueinander, schätzen sich gegenseitig, gehen gut miteinander um und arbeiten geschlossen zusammen	Professionell: Das Unternehmen handelt stets professionell und hat die Vision „von innen nach außen" im Fokus

Tabelle 1: Grundwerte des Gesundheitsstudios

2.2 Strategische Zielplanung

Von den vorab abstrakt formulierten Unternehmensvision, -mission und den Grundwerten sind in der folgenden Tabelle vier Unternehmensziele präzisiert.

Inhalt	Ausmaß	Zeit
Personal	Ausgebildetes, Qualifiziertes und motiviertes Team von 25 Mitarbeitern	Bis zur Eröffnung, dauerhaft im Betrieb und in der Zukunft
Positiver Wachstum	Marktführer im Gesundheitssektor werden und ein positives Mitgliederwachstum von 500 Mitglieder pro Jahr	Drei Jahre nach der Eröffnung
Zufriedenheit der Mitglieder	Fluktuationsquote dauerhaft unter 15%	Drei Jahre nach der Eröffnung
Netzwerk aufbauen	Kooperation mit 5 Partnern (Arzt, Krankenkasse, Firmen)	Nach zwei Jahren und dauerhaft in Zukunft

Tabelle 2: Strategische Zielplanung des Gesundheitsstudios

2.3 Branchenvergleich

In der Folgenden Tabelle sind drei andere Unternehmen unseres Unternehmenstyps im regionalen Markt und deren Vision, Mission und Grundwerte dargestellt.

	Vital Aktiv	Körperformen Benrath	Vitalis Benrath
Vision	Gesundheit. Gemeinsam. Gestalten.	Erfolgreich deine Ziele erreichen	Wir machen euch Gesund!
Mission	Erfolge, die nicht nur sichtbar, sondern auch nachhaltig spürbar sind.	Linderung von Rückenschmerzen, Fettverbrennung und abnehmen, Definition und Straffung, Muskelaufbau der Mitglieder	Fitness, Abnehmen und Wohlfühlen und mehr des Kunden

Grundwerte	Motiviert, Qualifiziert, Innovativ, Effektiv, Einzigartig	Individuell, Hygiene und Sicherheit	Modern, kompetent, innovativ, freundlich, Zuvorkommend

Tabelle 3: Branchenvergleich dreier Mitbewerber

Für die Garantie des Erfolges unseres Unternehmen ist es wichtig andere Unternehmen des gleichen Unternehmenstyps im regionalen oder überregionalen Markt zu kennen und unsere Vision, Mission und Grundwerte mit deren zu vergleichen. Direkt aufgefallen ist, dass es gar nicht so leicht für den Endnutzer ist die Vision, Mission und Grundwerte von den Unternehmen zu finden. Daraus ergibt sich für uns, dass wir transparenter agieren und unsere Vision, Mission und Grundwerte klar kommunizieren und öffentlich machen. Stark sichtbar war das alle drei Studios die gleichen Grundwerte wie unser Unternehmen vertreten. Das zeigt das Grundwerte wie Freundlichkeit, Innovativ, Kompetent, Qualifiziert, motiviert etc. unerlässlich sind. Vital Aktiv hat zwei Kern Geschäftsfelder mit dem Milon Zirkel und der Ernährung. Körperformen legt das Kern Geschäftsfeld auf ein individuelles Personaltraining mit Hilfe des EMS-Gerätes und Vitalis Benrath ist sehr stark auf Gesundheitskurse und Reha fixiert. Dadurch das wir alle Geschäftsfelder bei uns vereinen, sehe ich eine starke Chance bei uns, uns abzuheben. Dies schaffen wir aber nur, wenn wir unsere Vision leben, unsere Mission stets verfolgen und unsere Grundwerte einhalten. Der Vergleich mit den anderen Unternehmen zeigt, dass andere Unternehmen eine ähnliche Vision, Mission und Grundwerte verfolgen, die Mitglieder gesund zu machen und bei den Zielen zu helfen. Dies zeigt wie wichtig diese drei Säulen im Unternehmen für den Erfolg sind und das es essentiell ist sich an diese drei Säulen zu halten.

3 Phase der strategischen Analyse und Prognose

3.1 Branchenstrukturanalyse

Die Stärke unserer Unternehmenskraft ist abhängig von fünf folgender Elementen (vgl. Bamberger & Wrona, 2012, 370 ff.): der Lieferantenmacht, neue Anbieter, der Abnehmerstärke, Ersatzprodukte und der Rivalität.

Die nachfolgende Tabelle zeigt die Wettbewerbsdynamik in unserer Branche der Gesundheitsstudios anhand Porters Modell der „Five Forces" (vgl. Porter, 2000, S. 29):

Mitbewerber in der Branche, Rivalität	EMS Studios, Gesundheitsstudios, Discounter Studios, die ihr Angebot noch ausbauen können oder schon stark etabliert sind
Potenzielle Mitbewerber	Bedrohung durch Markteinritt neuer Konkurrenten im Gesundheitsbereich
Kunden	Verhandlungsstärke, Anzahl, Verhaltensstruktur und Preissensitivität der Kunden
Zulieferer	Verhandlungsstärke, Anzahl, Verhaltensstruktur und Preisvorstellung der Krankenkassen, Ärzte, Gerätehersteller, externen Trainern auf Honorarbasis
Ersatzprodukte	Bedrohung durch Ersatzprodukte oder Ersatzdienste wie Fitness Apps, YouTube Kanälen, Instagram. Teilweise kostenlos oder deutlich günstiger und jederzeit von überall abrufbar

Tabelle 4: Eigene Darstellung Five-Forces-Modell nach Porter (vgl. Porter, 2000, S. 29)

Aus der Tabelle wird ersichtlich, dass unser Gesundheitsstudio verstärkt einem erhöhten Wettbewerb ausgesetzt ist. Für unser Segment der Gesundheitsstudios gibt es schon länger bestehende Mitbewerber die schon etabliert und bekannt sind. Gerade die Billiganbieter wie McFit gefährden die Marktstellung, da sie eine ähnliche Leistung zu viel geringeren Kosten anbieten können. Weiterhin gefährden zunehmend Ersatzdienste wie Fitness Apps, YouTube Kanäle und Instagram unser Geschäft, da die Digitalisierung vielen sehr wichtig ist, Nutzer dadurch Kosten sparen und die Dienste jederzeit von überall abrufen können. Die günstigen Alternativen verändern unsere Kunden in ihrer Preissensitivität. Maßnahmen, die sich aus der Analyse ergeben um unsere Position zu stärken, sind der Ausbau unserer Vision, Mission und der Grundwerte. Gerade diese drei Faktoren unterscheiden uns von den Billiganbietern und wir können uns vom Markt unterscheiden und den Mehrpreis rechtfertigen. Durch Einhaltung unserer Vision, Mission und der Grundwerte erreichen wir die Ziele unserer Kunden und binden diese an uns und profitieren von der persönlichen Empfehlung. Deswegen ist unsere Vision „von innen nach außen".

3.2 SWOT-Analyse

Die SWOT-Analyse ist eine Analyse eines Unternehmens unter den folgenden vier Gesichtspunkten: Strength (Stärken), Weaknesses (Schwächen), Opportunities (Chancen), Threats (Risiken) (vgl. Venzin et al., 2010, S. 53). Um die Stärken gezielt im Wettbewerb einzusetzen, muss man seine Stärken und Schwächen kennen und diese auf die

Chancen und Risiken des Marktes abstimmen (vgl. Bea & Haas, 2013, S.128). In der folgenden Tabelle wird die Umweltanalyse und die Unternehmensanalyse der SWOT-Analyse dargestellt.

Stärken	Schwächen
Gesundheitsstudio mit sehr gut ausgebildeten Personal und sehr guter Mitglieder Betreuung	Sehr hohe Personalkosten und sehr hohe Fortbildungskosten
Eine Vielzahl an Angeboten an einem Ort (Physiotherapie, Trainingsfläche, Ernährung, Wellness, Kurse etc.)	Noch nicht bekannt am Markt, Bekanntheit muss aufgebaut werden und dadurch entstehen hohe Werbe- und Marketingkosten

Tabelle 5: Stärken und Schwächen des Unternehmens (Unternehmensanalyse)

Chancen	Risiken
Die Bevölkerung wird immer älter und es entstehen mehr Krankheitsbilder, die Bevölkerung bekommt ein besseres Bewusstsein ihre Gesundheit und ihr Immunsystem zu stärken (wegen der Pandemie z.B.)	Preiswerte oder kostenlose Online Angebote wie Fitness Apps, YouTube Videos, Instagram etc., sind zudem jederzeit und überall aufrufbar
Mitglieder können durch unsere Zusammenarbeit mit Krankenkassen Geld sparen, Mitglieder werden finanziell beim Training und bei der Ernährung unterstützt (durch Präventionskurse §20 und Ernährungsplänen nach §20), dies führt zu Zufriedenheit, positive persönliche Empfehlungen und dadurch zu Mitgliederwachstum	Bekannte und starke Konkurrenten wie z.B. Billig Discounter, die eine ähnliche Leistung zu geringeren Kosten anbieten können

Tabelle 6: Chancen und Risiken der Umwelt (Umweltanalyse)

In der folgenden Tabelle wird eine SWOT-Matrix dargestellt. Die Erkenntnisse aus der Umwelt- und Unternehmensanalyse sind darin eingebunden und es werden für jedes Feld der SWOT-Matrix zwei konkrete und plausible Strategien dargestellt.

	Opportunities (Chancen)	Threats (Risiken)
Strengths (Stärken)	- hoch ausgebildetes Personal betreut unsere Mitglieder optimal und hilft jeden deren Ziele zu erreichen, hilft präventiv die Gesundheit zu erhalten und bekämpft die Krankheitsbilder der Kunden - Durch das breitgefächerte Angebot, können wir alle Wünsche der Kunden abdecken und können durch geförderte Programme den Kunden helfen, wobei diese noch Geld sparen (Physiotherapie und §20 Programme)	- unpersönliche Onlineangebote bieten weniger Betreuung und sind sehr unpersönlich. Individuelle, professionelle Betreuung ist deswegen essentiell für uns. - Billigdiscounter bieten keine gute Betreuung und haben oft nicht so ein breitgefächertes Angebot. Dazu sind vorhandene Anbieter nicht transparent genug. Wichtig für uns ist zu zeigen was unsere Vision, Mission und unsere Grundwerte sind. Auch auf unserer Homepage. Ebenfalls ist deut-

		lich damit zu werben, dass bei uns „Alles an einem Ort" möglich ist.
Weaknesses (Schwächen)	- dadurch das wir nicht bekannt am Markt sind, können wir das Image von Grund auf aufbauen und beeinflussen - durch einen gesunden Mitgliederzuwachs können hohe Personalkosten sehr gut gedeckt werden	- durch die hohe Konkurrenz am Markt muss abgewogen werden, wie hoch die Ausgaben unserer Marketing- und Werbekosten ausfallen. Fokus mehr auf die Werbung der persönlichen Empfehlung „von innen nach außen" legen - nicht durch die hohen Personalkosten abschrecken lassen und dadurch kostengünstigere Onlineangebote einführen, Mitglieder könnten dabei bleiben und kündigen

Tabelle 7: SWOT-Matrix

3.3 Zielplanung

Im Folgenden wird analysiert, ob die oben dargestellte Zielplanung auf Grundlage der durchgeführten Analysen realistisch sind oder ob Anpassungen vorzunehmen sind. Die Analysen haben gezeigt, dass unsere Kernaufgabe ist, unsere Kunden zufrieden zu stellen und an uns zu binden. Dieses Ziel schaffen wir nur, wenn wir uns vom Markt differenzieren. Wichtig dafür ist unser Personal, welches den Unterschied zu den Online Angeboten macht, unser Personal garantiert eine bessere Betreuung und Einhaltung zum Erreichen der Ziele der Kunden. Diese Qualität an Betreuung unterscheidet uns auch von den Billiganbietern. Durch unser Personal und der damit verbundenen Betreuung und unser breitgefächertes Angebot, lassen sich die Ziele, ein positives Wachstum zu erzielen und die Zufriedenheit der Mitglieder zu garantieren, sehr gut erreichen. Durch diesen positiven Wachstum und der geringen Fluktuationsquote lässt sich das Ziel ein ausgebildetes, qualifiziertes Personal zu leisten sehr gut erreichen und wir können ebenfalls weitere Fortbildungskosten sehr gut decken. Auch lässt sich das Ziel ein Netzwerk aufzubauen dadurch sehr gut erreichen. Dies führt wiederum dazu, dass die Mitglieder zufriedener werden, da sie von mehr Angeboten profitieren können, und verschiedene bezuschusste Programme bei uns machen können. Es wird deutlich das diese vier Ziele essentiell sind und eine Synergie entsteht, alle Ziele hängen voneinander ab und erfüllen sich gegenseitig.

4 Phase der Strategieformulierung

4.1 Strategieformulierung

Auf der Grundlage der bisherigen strategischen Managementprozesse ist es wichtig auf der Unternehmens- und Geschäftsbereichsebene eine Strategieformulierung durchzuführen. Hierbei wird Bezug zu den Produkt-Markt-Strategien sowie den Wettbewerbsstrategien genommen. Primär wird die anzustrebende Produkt-Markt-Strategie die Marktdurchdringung. Die Wahrscheinlichkeit des Erfolges liegt dabei bei 50% (vgl. Nagel & Wimmer, 2009, S. 206). Die Marktdurchdringung wird bei Wachstum des Gesamtmarktes oder durch die Erhöhung des eigenen Marktanteils im Vergleich zu der Konkurrenz wichtig (vgl. Simon & Gathen, 2010, S. 29). Hierbei kommt unsere Vision „von innen nach außen" wieder ins Spiel. Diese Marketingstrategie der positiven, persönlichen Empfehlung soll Neukunden gewinnen und Kunden von der Konkurrenz abwerben. Durch die persönliche Betreuung durch unser Personal positionieren wir uns stärker und emotionaler im Markt und so können wir unsere Marktanteile ausbauen (vgl. Bea & Haas, 2013, S. 174). Andere Marktanteile gewinnen wir durch unsere stetige Verbesserung unseres Personals, durch Fortbildungen und durch stetige Verbesserung unserer Produkte und Dienstleistungen, wodurch Marktanteile gewonnen werden (vgl. Nagel & Wimmer, 2009, S.206).

4.2 Blue Ocean-Strategie

Unternehmen wie unseres besitzen die Möglichkeit neue Branchen ins Leben zu rufen und bereits existierende Branchen positiv neu zu definieren (vgl. Mauborgne & Kim, 2015, S. 77). Um ein weiterer Motor zum Wachstum zu definieren und uns von den meisten Unternehmen die sich auf roten Ozeanen bewegen (vgl. Mauborgne & Kim, 2015, S. 78) zu unterscheiden, erschaffen wir ein Geschäftsmodell in unserer Stadt um einen „blue ocean" zu generieren. Das Geschäftsmodell wird „Cycling Green" heißen. Dieses Event soll den Startpunkt von zukünftig weiteren bilden. Wir werden in unserem Kursraum einen Bereich mit Cycling Fahrrädern aufbauen, die an das Stromnetz angeschlossen sind. Die Fahrräder erzeugen somit bei Nutzung Strom und es wird klimaschonend Strom erzeugt, was wieder verwendet werden kann um Kosten zu sparen. Gerade in der aktuellen Zeit wo die Stromkosten steigen ist dies ein großer Vorteil. Hinzu kommt, dass klimafreundlich Strom erzeugt wird. Um noch einen Vorteil für die Kunden zu haben, werden verschiedene Cycling Events kostenfrei für die Kunden stattfinden. So können auch Menschen mit wenig Geld Sport treiben und an ihrer Gesundheit arbeiten. Dieses Geschäftsmodell ist für alle Beteiligten ein Gewinn, alle haben einen Vorteil davon und wir tun noch was positives für den Klimawandel.

5 Personalmanagement

5.1 Führungsverhalten

In der Praxis kommen sechs verschiedene Leadership-Styles zur Anwendung. Diese bauen alle auf eine oder mehrere Komponenten der Emotionalen Intelligenz auf (vgl. Goleman, 2000, 78 ff.). Ich erwarte von einer Führungskraft in erster Linie einen Visionären Stil. Er ist am klarsten positiv auf die Gesamtauswirkung auf das Klima. Unser Unternehmen baut grundlegend auf der Vision „von innen nach außen" auf, weswegen es wichtig ist das die Führungskraft Leute anspornt, eine Vision zu verwirklichen. Die Führungskraft sollte Selbstvertrauen ausstrahlen, Empathie zeigen und ein Veränderungskatalysator sein. In diesem Strategiebericht wurde bis hierhin deutlich, wie wichtig die Vision, die Mission und die Grundwerte zum Erfolg sind, deswegen ist dieser Stil essentiell. Die Führungskraft sollte auch ein Affiliativen Stil besitzen, Harmonie schaffen und eine emotionale Bindung schaffen. In meiner Strategieformulierung wurde deutlich wie wichtig die emotionale Bindung für die Gewinnung von Marktanteilen ist. Die Führungskraft soll die Fähigkeit besitzen, Beziehungen und Kommunikationen aufzubauen. Unsere Kunden sind oft durch ihre Krankheit in belastenden Situationen und wir funktionieren nur als Team, wo Verstimmungen überwindet werden müssen, in diesen beiden Situationen funktioniert der Affiliative Stil am besten. Der dritte wichtige Stil ist der Coachende. Es ist wichtig unsere Mitarbeiter auf die Zukunft vorzubereiten, zu helfen und die Leistungen zu steigern und langfristig Stärken zu entwickeln.

5.2 Recruiting

Es ist wichtig das der Prozessablauf der Personalauswahl strukturiert und schematisch abläuft. Zuerst findet die Sichtung und Sortierung der Bewerbungsunterlagen statt, dann findet der Background-Check statt, anschließend das Bewerbungsgespräch (Skype oder persönlich), dann folgt das Testverfahren und das Assessment-Center, daraufhin die Rückmeldung (Zusage oder Absage) und als letztes gegebenenfalls die Eingliederung (vgl. Schmeisser, Andresen, Kaiser & Teschner, 2013, S. 70). Anhand dieses Prozesses können wir am besten die Eigenschaften im genannten Führungsverhalten im Rahmen des Recruitings überprüfen. Primär nutzen wir das E-Recruiting, das heißt wir greifen für die Personalbeschaffung auf das Medium Internet zurück. Wir nutzen Internet-Jobbörsen als auch die eigene Firmen-Website. Darüber hinaus kooperieren wir mit Ausbildungsinstitutionen, wie Hoch- oder Fachschulen. Gerade über die zweite Beschaffung lässt sich ausgebildetes Personal beschaffen, welches qualifiziert ist und schon Kontakt mit den wichtigen Eigenschaften hatte. Beim ersten Schritt der Analyse der Bewerbungsunterlagen wird insbesondere eine Vorwahl anhand des Anforderungsprofils getroffen (vgl. Wöhe & Döring, 2010, S. 136). Dadurch lassen sich insbesondere die Übereinstimmungen der fachlichen Kompetenzen überprüfen. In den persönlichen Bewerbungsgesprächen kommen strukturierte und unstrukturierte Vorstellungsgespräche, Auswahlinterviews, Einschätzungen der „soft skills", wie Durchsetzungsvermögen oder soziale Kompetenzen zum Einsatz (vgl. Wöhe & Döring, 2010, S. 136). Im darauffolgenden Assessment-Center werden bestimmte Verhaltensweisen ermittelt und festgestellt. So können wir sicher stellen, wie sich die Bewerber in einer Vielzahl von Beurteilungssituationen, über einen längeren Zeitraum im Hinblick auf unsere festgelegten Managementkriterien nach festgelegten Regeln verhalten und agieren.

6 Literaturverzeichnis

Bamberger, I. & Wrona, T. (2012). *Strategische Unternehmensführung. Strategien, Systeme, Methoden, Prozesse* (Vahlens Handbücher der Wirtschafts- und Sozialwissenschaften, 2.). München: Vahlen.

Bea, F. X. & Haas, J. (2013). *Strategisches Management* (Grundwissen der Ökonomik : Betriebswirtschaftslehre, 6., vollständig überarbeitete Aufl.). Stuttgart: Lucius & Lucius.

Goleman, D. (2000). Leadership that gets results. *Harvard Business Review,* (März – April), 78-90.

https://www.ihk-krefeld.de/de/wirtschaftsstandort/konjunktur-und-statistik/statistiken-zum-mittleren-niederrhein2/kaufkraftdaten.html Zugriff: 04.06.2022

Mauborgne, R. & Kim, C. (2015). Die Ozean-Strategie. *Harvard Business Manager,* (1), 76-86.

Nagel, R. & Wimmer, R. (2009). *Systematische Strategieentwicklung. Modelle und Instrumente für Berater und Entscheider* (5., aktualisierte und erweiterte Auflage). Stuttgart: Schäffer-Poeschel.

Porter, M. E. (2000). *Wettbewerbsvorteile. Spitzenleistungen erreichen und behaupten* (6. Aufl.). Frankfurt: Campus.

Schmeisser, W., Andresen, M., Kaiser, S. & Teschner, E. (2013). *Personalmanagement* (UTB basics). Stuttgart: UTB.

Simon, H. & Gathen, A. von der. (2010). *Das grosse Handbuch der Strategieinstrumente. Werkzeuge für eine erfolgreiche Unternehmensführung* (2. überarbeitete und erweiterte Aufl.). Frankfurt, M.: Campus

Venzin, M., Rasner, C. & Mahnke, V. (2010). *Der Strategieprozess. Praxishandbuch zur Umsetzung im Unternehmen* (2., erw. Aufl.). Frankfurt: Campus.

Wöhe, G. & Döring, U. (2010). *Einführung in die allgemeine Betriebswirtschaftslehre* (24., überarbeitete und aktualisierte Aufl.). München: Vahlen. Verfügbar unter http://www.worldcat.org/oclc/863954010

7 Abbildungs- und Tabellenverzeichnis

7.1 Abbildungsverzeichnis

7.2 Tabellenverzeichnis